CHIEDERE UN FIDO E' BELLO

PICCOLA GUIDA AL MONDO BANCARIO PER IMPRENDITORI DEVITALIZZATI

LUCIO MENCATELLI

DOVEROSA PREMESSA

Amiamo lavorare. Proviamo gioia a creare e offrire agli altri il nostro prodotto. Siamo soddisfatti quando i clienti si congratulano con noi per ciò che riusciamo a realizzare con le nostre capacità, la nostra intelligenza.
Che cosa possiamo farci ? Siamo fatti così. Se volessimo cambiare non saremmo più noi stessi, ci sentiremmo privi della nostra natura, denaturati (come l'alcool).
Forse siamo dei sentimentali, forse non siamo più di moda. Oggi quello che, solo, sembra

avere importanza nel nostro mondo, è il denaro, e il potere ad esso collegato.

Ed è verso quegli obiettivi che appaiono (orsù, usiamo questa formula dubitativa), dicevamo, appaiono muoversi tutti i moderni, rampanti , emergenti managers, a cui non sembra (ulteriore formula dubitativa) importare molto della bellezza e della validità e bontà di un prodotto, ma solo di riuscire ad appiopparlo a qualcuno.

Ma noi siamo diversi . Non ci interessa il soldo.

Oddìo, magari qualche soldo in più non ci farebbe inorridire.

Ciò per varie ragioni : 1) figli, il cui unico scopo nella vita è spendere 2) moglie , il cui unico scopo nella vita è spendere. E far spendere i figli.

No.

Adesso stiamo esagerando.

Non è vero che moglie e figli spendono e basta.

Ci sostengono. Ci stimolano fattivamente nella nostra quotidiana battaglia volta a creare e a collocare i nostri bellissimi prodotti.

E ciò attraverso slogan illuminanti, quale ad esempio la frase : << Caro ? Il conto corrente postale è in coma irreversibile . Datti da fare >>

C'è bisogno di una svolta radicale. Ormai ne siamo convinti.

Finora abbiamo fatto tutto con i nostri soldi, faticosamente risparmiati, ma non sono più sufficienti per far crescere la nostra amata azienda e vendere una maggior quantità del nostri prodotti ; abbiamo necessità dell'aiuto (e dei soldi) di altri.

Ma chi potrebbero essere costoro ?

I suoceri con lauta pensione e cospicuo gruzzolo ben celato e custodito ?

Valutando e misurando la loro poderosa volontà di spendere, potremo senz'altro equipararli a genovesi con antenati nativi della Scozia. In conseguenza di ciò , potremo vedere i loro soldi solo col binocolo.

I danarosi amici ?

Ma naturalmente ! Loro sì che sarebbero disponibili : attraverso un bel prestito al blando tasso del 30% mensile.

Chi rimane ?

Dopo un attento esame delle ulteriori opzioni, escludendo qualche onlus disposta a farci beneficenza, resta solo una oscura entità : la Banca.

Dopo aver consultato studi, enciclopedie, pubblicazioni, abbiamo capito che la Banca è nata nel lontano medioevo proprio per questo scopo : offrire denaro a coloro che ne hanno bisogno adesso, per, poi, farselo restituire in futuro.

Ed è qui che sorge il primo ostacolo: la Banca , per metterci a disposizione i suoi soldi, deve essere in grado di capire se potremo restituirli.
Faticose letture al fioco, tremulo chiarore di una candela....Va bene, ora non esageriamo nel voler risparmiare.... Dicevamo,... faticose letture alla luce di una lampadina da 50 watt, ci consentono di avere , in merito, idee notevolmente più chiare.

SEGRETI BANCARI

Quindi, abbiamo bisogno di un fido (e abbiamo anche capito che non si tratta di un cane).
I primi elementi che , desunti dai vari vangeli sulla tecnica bancaria , riteniamo essere importanti ai fini della concessione del nostro futuro fido, sono la nostra moralità e la nostra puntualità.
Che cosa potrebbero mai significare questi due vaghi fattori ?
Boh !?
Siamo persone con una profonda, intrinseca moralità. Ma come dimostrarlo ?

Ecco un'idea assai brillante che ci soccorre all'improvviso !

Ci ricordiamo il nostro buon parroco. Egli , sia pure con sforzi inauditi, nel segreto del confessionale ci ha sempre assolti dai nostri peccati.

Il buon vecchio "don" ! Lui sì, che potrebbe fornire un'ampia, veritiera testimonianza su di noi e sulla nostra vasta moralità.

Ci ricordiamo quando affermammo davanti a lui che sì, effettivamente avevamo guardato quei miseri giornali con donne assai poco vestite, ma che poi ce ne siamo subito pentiti. Oppure, quando, giunti in ritardo per l'ennesima volta alla celebrazione della Santa Messa, giurammo che vi avremmo posto rimedio con una raffica di atti di dolore.

Va bene, un'idea brillante. Ma, continuando la lettura dei vari libri a nostra disposizione, ci rendiamo conto che, alla Banca, quel tipo di moralità e puntualità non interesserebbe un fico secco.

In realtà, i parametri morali , per la banca, sono: presenza ,o meno, di debiti scaduti e non pagati con puntualità, tipo rate di prestiti, mutui, leasing, finanziamenti per acquisti commerciali; presenza o meno di cambiali non pagate e quindi "protestate", di assegni emessi

in mancanza di soldi sufficienti sul proprio conto corrente, e quindi anch'essi "protestati".
E poi , presenza di atti giudiziari contro di noi, tipo decreti ingiuntivi, ipoteche giudiziali, pignoramenti, fallimenti, azioni penali o civili di vario tipo.
Fatto un breve esame di coscienza, riteniamo di non avere in sospeso nemmeno una multa per divieto di sosta : nessun "carico" con la Giustizia (frase che , stando a quanto abbiamo capito , non dovrebbe avere nulla a che fare con il gioco della briscola).
Siamo praticamente perfetti !
Il fido sarà nostro !

Calma ! E' solo il primo passo.
L'inquisitore bancario con cui dovremo in futuro confrontarci non si accontenterà di questo.
Studierà attentamente lo svolgimento della nostra attività.
Per far questo , esaminerà il documento che riassume annualmente il nostro lavoro : il bilancio.
Il fantomatico Bilancio non è il marito della Bilancia, ma ha comunque a chè fare con i pesi.
Valuta , aritmeticamente, il peso che hanno vari elementi nella faticosa nostra opera giornaliera:

il valore delle nostre vendite, quanto abbiamo speso per acquistare le merci che ci servono, quanto ci è costato pagare i nostri figli per i minuti (non le ore. Sarebbe pretendere troppo) in cui essi ci hanno dato una mano; quanta merce abbiamo in magazzino, in attesa di vendita; se , quanto e quando ci hanno pagato i nostri amati clienti; le tasse che abbiamo scucito; la previdenza sociale che abbiamo accantonato; il valore delle macchine che possediamo. E infine il microscopico utile che ci è rimasto nelle tasche.

Tutti numeri che ci fanno girare la testa (e anche qualcos'altro) e che deleghiamo volentieri al nostro adorato, costosissimo commercialista, con una unica, inalterabile parola d'ordine : "fammi pagare meno tasse possibili".

Ragion per cui, non vogliamo sapere come il suddetto mescoli e plasmi tutti quei numeri.

Purtroppo, cominciamo a renderci conto che se vogliamo avere il benedetto "fido", sarà più opportuno che la combinazione stile "superenalotto" di quelle cifre, la facciamo meglio e soprattutto la facciamo più veritiera,a costo di pagare più tasse.

Infatti, sempre grazie alle assidue letture che stiamo assorbendo, comprendiamo che il sagace, astuto inquisitore bancario catapulterà tutti quei numeri nel suo capace computer.

E le relazioni tra le varie voci di bilancio che emergeranno, saranno molto importanti ai fini della concessione del "fido".

Stimiamo che quelle relazioni potranno essere centinaia, e da esse l'implacabile computer disegnerà il nostro ritratto di imprenditori e quello della nostra azienda. Potrà apparire uno sgorbio orrendo, oppure un affresco michelangiolesco. Vedremo.

Va bene. Per stasera basta.

Onde evitare un inenarrabile mal di testa, salutiamo la lampadina da 50 watt, e ci rechiamo a letto, ove nella accogliente alcova ci attende la nostra amata consorte. La quale interpella la nostra fermezza morale, stimolando le nostre più oscure e nascoste pulsioni : << Caro ? Hai portato Fuffi a fare pipì? Con l'occasione , potresti portare fuori anche la spazzatura ! Ti amo >>

La tentazione è forte, lo sappiamo. Ma dobbiamo resistere . No. Non possiamo usare la sega a nastro che teniamo in garage per sezionare accuratamente la coniuge .

Respingiamo con vibrante fermezza tali pulsioni, così ineducate.

Per cui eseguiamo quanto richiesto.

RELAZIONI DIFFICILI

Trascorsa una nuova giornata di lavoro, torniamo al penoso desco, attiviamo la lampadina da 50 watt e continuiamo a consultare i poderosi tomi relativi ai misteri della Banca.
Abbiamo acquisito che la Banca, per le sue valutazioni, fa' uso di queste relazioni, di questi rapporti.
Emerge in noi una fantasiosa divagazione.

Un tempo, gli incontri amorosi si identificavano con frasi del tipo "ho un fidanzato, ho una fidanzata". Successivamente, siamo passati al " sto' con uno, stò con una ". Oggi, frutto della modernità e della emancipazione, presunta o reale, si è passati alla espressione "ho un rapporto".

L'amore trasformato in un trattato di tecnica bancaria ?

Evoluzione ? O involuzione ?

Ma basta divagazioni. Lasciamo perdere la sociologia.

Dobbiamo stabilire quali siano , tra le centinaia possibili, le relazioni o rapporti più importanti o, comunque, più usati dalle banche per le loro valutazioni .

Ogni banca ha, sicuramente, il proprio programma di analisi computerizzata che differisce da quello delle altre. Ma possiamo senz'altro ritenere che alcuni tra quei rapporti, siano maggiormente tenuti in considerazione.

Identifichiamo almeno quattro grandi insiemi di quei rapporti , ognuno dei quali indaga e risponde su aspetti diversi della vita di una azienda:

-solidità dell'azienda
-capacità di far fronte agli impegni, solvibilità,liquidità
-produttività

-redditività.

Prendiamo in esame alcuni tra i più utilizzati rapporti, riguardanti la solidità di un'azienda.

-Patrimonio della azienda moltiplicato 100, diviso il totale del passivo.
Il valore che ne ricaviamo misura la capacità, in percentuale, del patrimonio (o capitale netto) dell'azienda di coprire i suoi debiti. Un valore superiore al 60% indica una buona solidità.
Sotto il 40% l'azienda è deboluccia.

-Totale dei debiti a scadenza lontana(cioè oltre vari anni) moltiplicato 100, diviso il totale dei debiti.
Il valore che ne risulta misura la percentuale dei debiti a scadenza lunga ,e quindi con minori affanni e difficoltà nel dover essere rimborsati, rispetto ai debiti da pagare a breve scadenza.
Una bassa percentuale, tipo il 20% ad esempio, indica che l'azienda è costretta a disporre di costante ed elevata liquidità per far fronte ai debiti a breve , e perciò è meno robusta.

Mentre i nostri occhi si stanno chiudendo e abbiamo la tentazioni di assopirci, passiamo ad esaminare i rapporti riguardanti la solvibilità dell'azienda, cioè la sua capacità di far fronte ai debiti a breve scadenza.

-Attività correnti meno Passività correnti. Per attività correnti si intendono tutti quegli elementi del bilancio che si possono trasformare in breve tempo in denaro liquido.

E perciò il saldo a credito del conto corrente, eventuali depositi a risparmio, obbligazioni e titoli quotati in borsa, crediti verso clienti a breve scadenza , tipo 30, 60 , 90 giorni. E poi merci e prodotti che abbiamo in magazzino e che presumibilmente siamo in grado di vendere in poco tempo. Non fanno parte di questo segmento del bilancio le macchine, gli impianti, i fabbricati, in quanto , in genere, questi beni non sono vendibili rapidamente.

Tra le passività correnti, abbiamo i saldi debitori dei conti correnti bancari o postali (di cui i nostri figli e nostra moglie sono assai esperti), i debiti verso fornitori a breve scadenza (30, 60, 90 giorni), debiti verso lo Stato o verso L'Istituto di previdenza da pagarsi anch'essi a breve termine.

Le attività correnti devono essere superiori alle passività correnti . In caso contrario ci potremmo trovare in difficoltà .

-Utile della azienda moltiplicato 100 , diviso il totale dei debiti da pagare. Con questo calcolo emerge la percentuale dell'utile rispetto ai debiti. Una buona percentuale, tipo il 10% o il 15%, attesta che guadagniamo abbastanza per pagare le rate dei mutui che potrebbero gravare sulle nostre capaci spalle.

-Debiti moltiplicato 100, diviso i ricavi delle vendite , cioè il nostro fatturato. La sottile, arguta logica che si nasconde in questo rapporto parte dal presupposto che se non vendiamo un piffero, difficilmente possiamo pagare i debiti. I soldi per tirare avanti ci vengono dalla nostra capacità di vendere i prodotti che realizziamo.
Una percentuale accettabile si può identificare in un rapporto intorno al 30% dei debiti rispetto al fatturato. Se è sopra, possiamo tranquillamente iniziare a preoccuparci.

I nostri occhi cominciano a velarsi. Stiamo per perdere i sensi e proiettare il nostro "io" più profondo su un'isola deserta, con il mare turchese che lambisce dolcemente la spiaggia, avvinghiati ad una giovane, florida bellezza locale, e avvolti da una foresta di palme da cocco. Ma ecco d'improvviso una non fragile noce del peso di cinque chili centra con precisione la nostra fragile cute. Il dolore è insopportabile.
E ci destiamo .

Non si è trattato di una noce di cocco . La dura realtà si fa' strada : abbiamo colpito in pieno con la nostra fronte , la massiccia scrivania in quercia, dura come l'acciaio, regalataci dal nonno, e posizionata sotto il nostro mento.
Riprendiamo, doloranti ma desti, la lettura.

Dobbiamo esaminare i rapporti riguardanti la produttività dell'azienda.

-Turnover . Parola inglese che può significare varie cose, In questo caso si può tradurre come "rotazione" .
Il valore emerge dal fatturato diviso il valore totale dell'attivo. Esso misura quante volte , nel corso dell'anno, le varie componenti dell'attivo sono state utilizzate per realizzare le vendite.
Più alto è il risultato, migliore è stato l'utilizzo di impianti, macchine, ecc.

-Tasso di rotazione delle scorte di magazzino.
Valore delle scorte diviso il fatturato moltiplicato per 360. Il dato che ne emerge indica ogni quanti giorni nel corso dell'anno il nostro magazzino si svuota e si riempie grazie alle vendite.
Se il numero dei giorni cresce rispetto ai bilanci precedenti, può indicare qualche difficoltà nelle vendite.

Dopo aver posizionato un cuscino sulla possente scrivania, onde evitare fratture craniche, ci dedichiamo alla voce "redditività".

-ROI. Comprendiamo che non si tratta di una marca di jeans risalente alla nostra adolescenza. Il Roi (return on investments) misura il tasso di rendimento delle varie voci dell'attivo, vale a dire quanto ci rende, ad esempio ,quel tornio che ci è costato un occhio della testa , e quel camioncino che una settimana si e una pure portiamo dal meccanico.

E quindi : Utile moltiplicato 100 diviso il totale dell'Attivo.

Per essere un valore accettabile, la percentuale che ne risulta deve essere almeno superiore ai tassi correnti (ad esempio al tasso dei Buoni del Tesoro o di altre obbligazioni: se non è così , faremmo bene a chiudere baracca e burattini)

-Roe(Return on Equity). Esso misura il rendimento del patrimonio della azienda (o capitale netto), vale a dire l'importo che , sudando sangue , abbiamo versato per iniziare l'attività, più gli utili degli anni passati che non abbiamo ritirato, e le riserve.

Perciò : Utile moltiplicato 100 diviso il totale del Patrimonio (o capitale) dell'azienda.

Idem come sopra : la percentuale risultante deve essere almeno superiore ai tassi correnti di mercato, altrimenti ci conviene vendere tutto e comprare titoli di stato.

-Ros (Return on sales). Misura l'utile in rapporto con l'ammontare delle vendite.
Esso è da commisurarsi con il Ros delle aziende che si occupano del nostro stesso prodotto (cioè le aziende concorrenti). Un valore notevolmente più basso rispetto agli altri ci potrà creare complessi di inferiorità, ma soprattutto sarà un segnale di difficoltà nelle vendite da non sottovalutare.
Il calcolo : Utile moltiplicato 100 diviso il fatturato.

Abbiamo finito , per stanotte.
Attuiamo un perfetto "carpiato " verso il nostro accogliente giaciglio; la cosa provoca una virulenta reazione della consorte , la quale , mugolando, indirizza nei nostri confronti frasi irripetibili .

SIAMO MERITEVOLI

Abbiamo fatto i calcoli. Non quelli renali, bensì i calcoli riguardanti i rapporti tra le varie voci del nostro bilancio.
Le conclusioni ? Siamo solidi, siamo solvibili, siamo produttivi e redditizi a sufficienza.
Abbiamo dunque le carte in regola per chiedere un fido.
Ma ci sono domande alle quali dobbiamo rispondere, prima a noi stessi, piuttosto che alle banche.

La prima : quale è l'importo del fido che ragionevolmente, meriteremmo ?

Consultiamo i tomi. I criteri a cui le banche si attengono per stabilire quell'importo sono diversi e vari. Bisogna innanzitutto considerare che esse ,in genere, dividono i numerosi tipi di fido in tre grandi gruppi : 1) fidi finanziari. Sono quelli a più alto rischio, poiché è coinvolto nel loro rimborso un solo soggetto, cioè l'azienda alla quale è stato concesso l'affidamento. 2) fidi commerciali. Sono a rischio inferiore. In genere si tratta di concessioni di anticipi su fatture, cambiali, ricevute bancarie, lettere di credito ecc. In questo caso i soggetti coinvolti nel loro rimborso sono più di uno : oltre all'azienda beneficiaria del fido c'è infatti il debitore a carico del quale essa ha emesso la fattura, la tratta, la ricevuta bancaria ecc. , debitore che alla scadenza prevista dovrà pagare , estinguendo il suo debito e , nel contempo, consentendo all'azienda affidata di rientrare dall'anticipo concesso dalla banca. 3) fidi garantiti. Sono quelli a rischio ancora più basso; l'affidamento infatti viene supportato dalla garanzia totale o parziale di titoli azionari, obbligazioni , depositi a risparmio, certificati di deposito, con firme di Consorzi Fidi ecc.

Per i fidi finanziari (quelli a più alto rischio) comprendiamo che l'importo concedibile potrà essere intorno al 20% del valore del nostro patrimonio netto. Per i fidi commerciali (a minor rischio), e considerando anche il livello del nostro fatturato, l'importo concedibile potrà essere intorno a un 50/ 70% del nostro patrimonio. Tali percentuali valgono però se l'azienda non fruisce di fidi da parte di altre banche , come nel nostro caso. In caso contrario , la musica cambia e le percentuali saranno proporzionalmente più basse.

Ora facciamo il punto della situazione : il nostro patrimonio netto (cioè capitale iniziale, riserve , utili non distribuiti) è di 40000 euro. Ma, mi raccomando, non lo diciamo ai nostri figli e alla consorte, se no pensano che siamo ricchi.

Quindi, meriteremmo circa 8000 euro di fido finanziario e dai 20000 ai 28000 euro di fido commerciale.

La seconda domanda : quali tipi di fido ci servono e fanno al nostro caso in questo momento ? I corposi tomi adagiati sulla scrivania ce ne elencano un centinaio.

M ecco che nel nostro cervello sorge una idea brillante, quanto una lampadina da 50 watt !

Potremo chiedere dei fidi misti ! Vale a dire che, nell'ambito dell'importo concessoci, potremo utilizzare strumenti creditizi diversi ! Che bello ! Ad esempio , il fido finanziario , spendibile fino a un massimo di 8000 eur, lo potremo

utilizzare, di volta in volta, come scoperto di conto corrente (con esso la Banca ci consentirà di prelevare dal conto più dei nostri soldi , per coprire spese improvvise e magari impreviste, come multe, bollette ecc., oppure per pagare il meccanico perché il camioncino ha rotto i freni, oppure per acquistare immediatamente scorte di merci che ci servono subito). Oppure .il fido lo si potrebbe usare per chiedere un finanziamento all'importazione, perché ci siamo accorti che quella tale merce che ci serve come il pane, costa meno se la compriamo direttamente all'estero piuttosto che passare dal grossista italiano. Oppure possiamo utilizzare il fido per chiedere un prestito a rimborso rateale per comprare quel piccolo macchinario, il cui costo preferiremmo distribuirlo su più mesi piuttosto che svenarci immediatamente.
Sarà bellissimo !
Per ciò che riguarda l'affidamento commerciale, un fido misto ci potrà servire di volta in volta, sino al massimale concessoci dalla banca, per far anticipare dalla stessa le fatture, oppure le tratte , o le ricevute bancarie, oppure anticipare le fatture di quel cliente straniero che , miracolosamente , abbiamo contattato attraverso internet e che sembra molto interessato al nostro prodotto(ma a questo proposito , faremmo bene a leggere il libretto

intitolato "ESPORTARE E' BELLO", in vendita sempre su Amazon, e scritto dal medesimo. misero autore del presente testo).

Grazie a tutte queste diverse forme diverse di finanziamenti commerciali, avremo denaro immediatamente disponibile per comprare le scorte e i materiali di uso giornaliero che ci servono per la realizzazione del nostro prodotto, in luogo di aspettare a spendere nel momento in cui incassiamo le fatture, come stiamo facendo ora. In questo modo le nostre vendite (e i nostri guadagni) aumenteranno rapidamente, sempre chè ciò che produciamo sia roba buona. Ma di questo ne siamo stra-convinti. Abbiamo fede nel nostro lavoro.

Sempre più bello !

Che cosa altro ci può servire ?

Ci sarebbe qualcos'altro : ci sarebbe quel rudere di biga romana che continuiamo , ostinatamente, (forse per motivi affettivi) a chiamare camioncino.

E abbiamo letto che esistono soluzioni interessanti in proposito.

Si tratta di finanziamenti chiamati Artigiancassa, sia sotto forma di prestito sia sotto forma di leasing, che prevedono la restituzione , a noi, di quasi tutto l'importo degli interessi pagati. Ma la cifra di un camioncino nuovo esula , e di molto, dall'ipotetico fido che pensiamo di meritarci. Ci rendiamo conto che, a questo punto, i numeri hanno un valore relativo. Conta il rapporto umano. Conta trovare, dall'altra parte della scrivania, un interlocutore bancario che ci sappia ascoltare, assistere, consigliare. Non vogliamo uno che ci regali soldi che non ci spettano, che ci faccia della beneficenza : deve essere una persona che, giustamente, faccia gli interessi di chi lo paga , cioè la sua banca, ma che svolga correttamente anche il servizio altamente sociale, per cui, secoli or sono, la Banca nacque.

Secondo voi, riusciremo a trovare una figura umana di tal tipo ?

ALLA RICERCA DELLA BANCA PERDUTA

Abbiamo compiuto altri passi verso il traguardo. Laggiù , all'orizzonte, vediamo lo striscione con su scritto "FIDO".
Ma siamo alla salita più dura. E' venuto il momento di confrontarci con la Banca.
Dobbiamo scegliere la migliore, quella con gli uomini giusti : gente esperta, preparata, coriacea, ma che ,anche, sappia ascoltare , che

ci assista nella nostra crescita . E che non si limiti a curare i propri interessi.

Abbiamo un piano , preparato nei minimi dettagli.

Siamo nella piazza centrale della città, centro fisico e finanziario della stessa, dove sorgono le filiali di numerose banche.

Cappello in testa, bavero alzato, occhiali scuri.

Nessuno ci potrà mai riconoscere.

Fingiamo di essere immersi nella lettura di un giornale sportivo. Ma le notizie di calcio non ci interessano . Però notiamo con dispiacere la nuova sconfitta del Milan, (ma con quella squadra di dopolavoristi cosa può fare ?)

Siamo nel bar più alla moda, dove i bancari staccano un momento dalla loro scrivania e consumano velocemente un caffè.

Ascoltiamo le conversazioni.

Ecco una coppia proveniente dalla banca più importante.

Lei ha tacchi a spillo alti almeno venti centimetri, abito grigio, camicia bianca, occhiali da manager. Elegantissima. Lui, abito blu , camicia bianca, cravatta scura. Non meno elegante. Si direbbero due "emergenti".

<<Sai ? Marco mi ha appena twittato. Vuole assolutamente che gli applichiamo il prime rate col minimo spread.>>

<<Nooooo…Ma quell'uomo è terribile..Io, fossi in te , gli applicherei un bottom con il massimo spread …ah, ah,ah, ah!... Invece, mi calla Giulio…Vuole che gli prepariamo un bid bond per quel contract con gli Emirates…e ..sai ? Vuole anche un collar sull'evergreen in usd senza charges>>

<<Oh, mio Dio, …tremendo ! Impossibile farlo!>>.

Li ascoltiamo turbati. Boh? Ma da dove vengono questi ? Magari direttamente da Wall Street ?

Un soprassalto di timore reverenziale ci induce a passare ai dipendenti di un'altra banca.

Ambedue hanno la camicia aperta sul petto, ad evidenziare il folto pelame. E la barba lunga. Il dialogo è certamente meno forbito. Forse troppo "meno".

Dialogo in dialetto, condito con sanguigne imprecazioni.

Questi sono veramente troppo scarsi, anche per dei neofiti come noi.

Qualcuno ha detto che "la forma è importante quanto la sostanza". Forse la loro sostanza è migliore della loro forma, ma non ci danno una buona impressione.

Una terza coppia. Persone educate, ben vestite ma non "firmate" dalla testa ai piedi, sorridenti, cordiali. Salutano tutti i presenti. Non sono volgari. Parlano con calma, senza mettersi in evidenza a tutti i costi.

Non ostentano il potere presunto o reale che potrebbero avere sugli altri, né il loro status sociale. Non fanno fragorose battute attendendo che gli altri , obbligatoriamente, ne ridano.

Non sono arroganti, né vanitosi.

Questo è l'identikit che cercavamo.

L' "aurea mediocritas" predicata dal poeta Orazio. La giusta via di mezzo , il comportarsi lontano da ogni eccesso e da ogni estremo, il non ritenersi né migliori né peggiori degli altri, lasciando agli altri l'onere del giudizio su sé stessi.

E' a loro che ci rivolgeremo.

SCONTRO, CONFRONTO, INCONTRO?

Ecco. Ci siamo. Tra poco saremo in vista del traguardo.
Siamo in attesa davanti all'ufficio del Responsabile Affidamenti della banca. Abbiamo fissato un appuntamento e oggi è il gran giorno.
Confessiamo a noi stessi di essere emozionati.
La nostra prima volta !
Cosa accadrà ?

Usciremo da quella porta delusi ? O soddisfatti?
In ogni caso non abbiamo nulla da rimproverarci : quello che potevamo, l'abbiamo fatto.
"La forma è importante quanto la sostanza".
Ragion per cui, indossiamo camicia bianca, cravatta e vestito elegante, cosa che non accadeva dal fausto giorno del matrimonio.
La porta si apre e siamo invitati ad entrare.
L'ufficio è ben arredato ma sobrio. Nessuna ostentazione.
Il bancario è sorridente. Ci stringe la mano con calore. Ci invita a sederci nella comoda, morbida poltrona.
Ci guardiamo negli occhi per qualche attimo.
Come due gladiatori in attesa del duello ? O come due sconosciuti che desiderano conoscersi ?
Al di là dei sorrisi, riusciamo a immaginare le domande che gli frullano in testa :" perché questo signore mi chiede un fido ? Ha forse qualche debito nascosto che deve saldare ? E perché lo chiede proprio a me ?"
La lotta di sguardi e di interrogativi si fa serrata. Sarà uno scontro fra persone che non si comprendono e non si fidano ? Oppure fra due che sperano veramente di poter servire, poter essere utili l'uno all'altro ?

Se in quel bar abbiamo visto e scelto bene, c'è la possibilità che addirittura possiamo diventare persone che si stimano vicendevolmente, che riconoscono nell'altro il valore che , pur nell'ambito di due piccole entità come noi siamo, possano apportare alla crescita della Società umana. Questo è, o dovrebbe essere, lo scopo ultimo e più alto, dell'imprenditore e del banchiere.

Ma un conto è la bella , ideale teoria e un conto è la pratica.

<<Mi sono permesso di disturbarla, perché sono arrivato alla conclusione che la mia azienda, se vuole svilupparsi, ha bisogno di una linea di fido. Le ho portato i miei ultimi bilanci.>>

<<La ringrazio per aver scelto la mia banca. Vediamo un po'……Il fatturato è in crescita….un buon segno. Però ha un utile un po' troppo contenuto…>>

Il banchiere tace per qualche minuto. Studia le carte. Poi smanetta velocemente sul suo computer.

Sappiamo cosa sta facendo e dove vuole arrivare. Giustamente, controlla le varie Banche Dati esistenti, tipo Centrale Rischi, CRIF, Cerved, per rilevare se vi sono debiti impagati, protesti, atti giudiziari. Siamo preparati.

Non troverà niente. Perché non c'è niente.

E infatti , dopo qualche minuto, ci guarda sorridente.

E' contento perché non lo abbiamo deluso. Perché non abbiamo finto di essere diversi da quello che siamo.

<<Sì...penso che sarò in grado di concederle una linea di fido.Inizialmente , non sarà di importo elevato. Ma ,col tempo, potremo rivederla e incrementarla. Dipenderà da tante cose... da lei , dall'uso corretto o meno che ne farà. E dalla sua azienda, se crescerà o meno...Si è fatto un'idea di quello che le serve ?>>

Abbiamo vinto ! Abbiamo superato il traguardo! Però dobbiamo mantenere la calma . Non sappiamo ancora quale importo ci concederà.

<<Ho sentito parlare di fidi misti....>>

<<Si. Le posso fare due linee di fidi misti,una finanziaria e una commerciale. Per quella finanziaria , entro il massimale che le concederò, posso proporle uno "scoperto di conto corrente", che in alternativa potrà utilizzare come prestito a rimborso rateale, oppure come finanziamento all'importazione, collegabile a eventuali acquisti a termine di divisa estera, a cui aggiungerei un fido per crediti documentari import o per fideiussioni , tipo bid bond, advance payment bond eccetera.. immagino lei sappia che cosa sia un bid bond...>>

Vorremmo tanto rispondere con baldanza "ehi, come no ! Coi bid bond ci faccio pranzo e cena, si figuri lei!". In realtà , non sappiamo di cosa cavolo lui stia parlando. E d'altra parte non vogliamo fare la figura degli sprovveduti, per cui optiamo per una risposta diplomatica :

<<Si... qualcosa conosco...però se mi rinfresca la memoria è meglio...>>

<<Ma certamente. Il bid bond è una garanzia che noi presteremo per suo conto a favore di un terzo nominativo , per garantire la sua partecipazione a qualche gara di fornitura all'estero. Il credito documentario import è un altro tipo di garanzia che le potrà servire in caso di suo acquisto di merce all'estero. Noi garantiremo che lei pagherà il fornitore, se egli rispetterà le condizioni e i documenti che lei potrà richiedergli e che dettaglieranno e identificheranno esattamente il tipo di merce di cui lei ha bisogno, tipo certificati di qualità , di analisi, di misure, di peso ecc. Condizioni e documenti che sarà lei a decidere. Naturalmente , se le necessiterà, noi la assisteremo.>>

Ecco le parole magiche ! Quello che volevamo sentirci dire :"...noi la assisteremo...".

Assistere gli altri : uno degli scopi che doveva avere la Banca , fin dai tempi dei tempi.

<<Va bene...mi fido di lei..>> <<E io di lei>>

La sintesi di tutta la nostra storia è racchiusa in quelle parole. Abbiamo fede l'uno nell'altro.

<<Per l'affidamento misto di tipo commerciale,proporrei un fido per anticipi su fatture, oppure su tratte e ricevute bancarie, più un fido per anticipi all'esportazione>>

<<Va benissimo...E, mi dica, quali importi riterrebbe di concedermi ?>>

<<Direi 8000 euro per il fido finanziario e 25000 euro per quello commerciale. Cifre in relazione alla attuale situazione del suo patrimonio netto e del suo fatturato. Come le ho già detto , potremo, col tempo, incrementare. Che ne dice ?>>

<<Va bene!>>

Ci stringiamo vigorosamente la mano, sorridendo.

E' finita. E' stato un incontro. E non uno scontro.

Il problema del camioncino lo affronteremo più avanti. Per ora accontentiamoci.

EFFICACI AZIONI MOTIVAZIONALI

Ora siamo una vera azienda, che merita fiducia da tutti : dalle banche, dai clienti, dai fornitori. E da noi stessi.
Quale è il prossimo passo ?
Dobbiamo pensare al futuro. Abbiamo costruito qualcosa di buono. Non vogliamo che le nostre fatiche siano state inutili, che siano state uno spreco di tempo, di energia, di soldi, di vita.

E quindi tocca a loro . Ai nostri figli e alla nostra amata coniuge.

Dobbiamo coinvolgerli . Siamo sicuri che, inseriti in un contesto che li faccia sentire utili, si appassioneranno,diverranno più responsabili.

Cresceranno anche loro, come ognuno di noi cresce ogni giorno e non si ferma mai.

E perciò è il momento di renderli felici.

<<Cari figli, cara consorte, ho deciso : farete parte dell'azienda>>, e indicando con giusta foga ed enfasi il fabbricato sporco di grasso , di olio , di carburante, di prodotti chimici puzzolenti, rottami, attrezzature, macchine, chiodi arrugginiti, esclamiamo la fondamentale frase:

<<Vedete ?! Tutto questo un giorno sarà vostro!>>

Attendiamo, fiduciosi, reazioni di esultanza incontrollabile, applausi a "scena aperta", qualche accenno di "ola"....

Le reazioni tardano. I componenti la famiglia fingono di non aver capito e si dedicano alla alacre consultazioni di vari telefonini.

Appare evidente che dobbiamo appassionarli di più, con argomenti che stimolino sentimenti più profondi.

<<Perché se non vorrete lavorare nella mia azienda, il milione di euro che ho messo da parte ve lo potete scordare>>
Una piccola menzogna a fin di bene.
Ecco. Ci siamo. Tutti ci guardano con estrema attenzione, non scevra da dubbi e interrogativi tipo "ma come cavolo avrà fatto a mettere su' un milione ?"
Il fascino delle nostre parole ha suscitato in loro intense emozioni .
Ci sentiamo tanto come Martin Luther King quando pronunciò il famoso discorso "I have a dream".
Ci guardano estasiati , sono quasi con le lacrime agli occhi.
Continuiamo il nostro sermone.
<<E visto e considerato che siete esperti di computer, telefonini, APP, downloads eccetera , eseguirete col computer tutte quelle operazioni che adesso facciamo fare all'impiegato della posta o della banca , con sontuoso carico di spese a loro favore, oppure che fa' il commercialista con altrettanto massiccio ricarico di spese . E quindi farete i bonifici, pagherete gli F24, i bollettini postali, le tasse; pagherete le ricevute bancarie e le tratte. Imparerete come si emettono le nostre ricevute bancarie che i nostri clienti dovranno pagarci, pagherete le bollette , e via dicendo. E infine

lentamente, vi insegnerò la bellissima arte del mio splendido lavoro. Perché la parola "artigiano" deriva da "arte".

Ci siamo capiti ? Ricordate : niente lavoro, niente milione:>>

Tutti , freneticamente, fanno cenno di sì col capo.

Il nostro amato, costosissimo commercialista non sarà contento.

E la cosa non ci procura alcun dispiacere.

SEI MESI

Il tempo scorre veloce. Sei mesi se ne sono andati da quando ci hanno concesso il benedetto "fido".
I nostri figli hanno dimenticato il nostro improbabile milione e si stanno sempre più appassionando al nostro lavoro, insieme con la loro mamma , la nostra amata consorte. Hanno accantonato (parzialmente) chat, app, twit, eccetera. Insieme, decidiamo nuovi prodotti da presentare sul mercato, insieme decidiamo le strategie finanziarie migliori.

Utilizziamo le linee di fido solo quando è strettamente necessario (gli interessi bancari pesano). Per cui , facciamo anticipare fatture , tratte e ricevute bancarie solamente quando siamo in procinto di sostenere spese inderogabili.

Abbiamo deciso di attivare un finanziamento all'importazione in dollari, per acquistare scorte direttamente sul produttore estero, ottenendo così un notevole risparmio rispetto ad un acquisto dal grossista italiano, risparmio tale da assorbire anche un eventuale incremento del costo del dollaro, qualora si verifichi al momento di chiudere quel finanziamento. Quest'ultimo ha la sua ragion d'essere nel dilazionare il costo dell'acquisto, e consentirci di lavorare quelle scorte per realizzare il nostro prodotto e venderlo, ottenendone così il ricavo. Non attivando il finanziamento, avremmo dovuto pagare immediatamente scorte che non ci avrebbero creato ricavi immediati, provocando un disequilibrio nel corretto funzionamento dell'azienda.

Avevamo la possibilità di fissare il cambio euro/dollaro fin da subito , tramite il cosiddetto acquisto "a termine" di dollari, cosa che ci avrebbe garantito di acquistare dollari, per chiudere il finanziamento una volta arrivati alla sua scadenza , al cambio euro/dollaro fissato precedentemente. Abbiamo preferito non farlo, sperando che il dollaro si deprezzasse nei confronti dell'euro : questa volta ci è andata bene.

E' venuto il momento.
Il povero camioncino sembra guardarci con tristezza. Abbiamo fatto trascorrere qualche mese affinché la Banca valutasse il nostro comportamento riguardo all'utilizzo delle linee di fido. Siamo stati corretti . Non ne abbiamo abusato . Ragion per cui ci sentiamo pronti per affrontare di nuovo il nostro amico banchiere.

La stretta di mano è ancor più calorosa, il sorriso evidenzia tutta l'arcata dentaria.
<<La disturbo ancora…avrei necessità di comprare un nuovo camioncino… ne possiamo parlare ?>>
<<Ma certamente…>>
<<Ho sentito che esistono finanziamenti chiamati Artigiancassa…>>
<<Si, possiamo valutare la cosa. La sua è una buona idea. Quel tipo di finanziamento prevede il riaccredito alla sua azienda della maggior parte degli interessi che pagherà annualmente. Quale cifra ritiene le debba servire ?>>
<<Siamo intorno ai 40000 euro>>

Gli presentiamo una situazione di bilancio provvisoria : fatturato in netta crescita, utile pure. Lascia trasparire qualche sintomo di soddisfazione : non abbiamo deluso le sue aspettative. E lui non ha sbagliato la sua valutazione su di noi.

Poi interroga la scatola magica che ha davanti al naso : senza il computer nessuno fa più nulla , ormai.

<<Vedo che ha utilizzato correttamente il fido, non ha mai sconfinato, ha lavorato sul conto corrente con numerose operazioni on-line.

Ci sono versamenti , accrediti e bonifici a suo favore , oltre a prelievi e pagamenti. Bravo ! E' fondamentale che il conto corrente presenti una elevata ed elastica movimentazione, sia in "dare" che in "avere">>

<<Grazie>>

<< Stò notando che la sua percentuale di insoluti , cioè di ricevute bancarie o tratte che lei ha emesso a carico dei suoi clienti e che le sono tornate impagate è di circa il 6%. Un risultato buono . Ma non ottimo. Selezioni in modo migliore i suoi clienti. Prima di dilazionare loro il pagamento mediante tratte si accerti, tramite informazioni , se sono puntuali nei pagamenti o no. In caso contrario si faccia pagare in contanti .>>

<<Va bene. >> .Una tiratina d'orecchi da parte del banchiere.

<<Detto questo, ora parliamo del suo camioncino nuovo. Sono contento ,come le ho già detto, della sua corretta gestione degli affidamenti. Vorrei poterla aiutare….Gli incassi che stà realizzando le consentirebbero di pagare senza particolari difficoltà le rate dell'Artingiancassa…Ma,purtroppo,il patrimonio netto è ancora troppo basso.Il suo valore, al netto dei fidi già concessi, non copre l'importo del finanziamento….>>. Il banchiere si concede una opportuna pausa, come a rimarcare il suo travaglio interiore, mentre in noi si fa strada una delusione inaspettata, e ci afflosciamo nella comoda poltrona.

<<Però una soluzione ci sarebbe…>> .

Riprendiamo vigore ed energia ! Bravo banchiere !

<<E al momento è l'unica praticabile… Dai documenti risulta che lei è proprietario di una abitazione…>>

"No…l'ipoteca no…", pensiamo affranti. La casa faticosamente acquistata dai nostri genitori, frutto dei sacrifici di due vite…Il banchiere sembra intuire la nostra angoscia << Non la graveremo di alcuna ipoteca. Semplicemente, lei firmerà una garanzia personale, chiamata fideiussione, a nostro favore. Solo nel caso estremo in cui l'azienda non fosse in grado di pagare le rate del finanziamento la casa verrebbe ipotecata. D'altra parte , questa fideiussione consentirebbe di darle il supporto di capitale necessario perché questo sia conciliabile con il valore del prestito....Non posso fare di meglio , al momento >>

<<La ringrazio... devo fare una riflessione approfondita con la mia famiglia. Una decisione di questo tipo coinvolge il loro futuro..>>

<<Me ne rendo conto...>>

RIUNIONE DI FAMIGLIA

Una decisione importante. Per cui tutti gli aventi diritto dovranno dedicarsi ad una accurata valutazione.

<<Gente! ...Di fronte a noi abbiamo un bivio. Possiamo incamminarci per una strada o per l'altra. In ambedue i casi, possono esserci conseguenze spiacevoli. Possiamo continuare ad usare quell'utile rottame che continuiamo a chiamare camioncino. E ciò sino a quando lui si fermerà e non ne vorrà più sapere di ripartire. Oppure , grazie a un prestito, comprare un camion nuovo, più grande, più sicuro, più

veloce, che consumi meno, che abbia in dotazione strumenti più moderni ed efficaci.

Nel primo caso eviteremo di rischiare una ipoteca sulla casa, ma potremo rischiare un incidente fatale.

Nel secondo caso, l'ipoteca sulla nostra abitazione è una possibile conseguenza. Cosa che non accadrà se continueremo a vendere, a crescere, a fare buoni prodotti, a spendere con oculatezza e a guadagnare come stiamo facendo adesso.

Ma ovviamente non possiamo prevedere se questa tendenza favorevole continuerà anche in futuro.

In conclusione, dobbiamo dire a noi stessi se abbiamo fede nel nostro lavoro oppure no. E considerando che il futuro è più vostro che mio, siete voi a dovervi interrogare maggiormente>>

Figli e moglie rimangono in silenzio, giustamente turbati.

Infine, la decisione è presa.

IL DADO E' TRATTO

Il banchiere ci riceve con la consueta cortesia. Ci osserva, tormentato dalla curiosità. E noi, appositamente, lo manteniamo nel dubbio il più a lungo possibile, considerato che, sia pure con intenti costruttivi, ci ha costretto ad un intenso dibattito interiore.
<<La risposta dei miei familiari è stata sofferta ma compatta.
La decisione, in realtà, non era tra camioncino nuovo o vecchio. La domanda implicita che ci siamo posti era : abbiamo fede ? O no ?

Abbiamo fede nelle nostre capacità, abbiamo fede nel nostro buon prodotto ? Abbiamo fede nella nostra tenacia, nella nostra onestà ?
La risposta è stata : sì.
Quindi , le firmo la fideiussione>>
<<Ha fatto la scelta giusta>>

Il camioncino nuovo è arrivato.
Guardiamo con malcelata emozione quel vecchio catorcio, tenuto insieme per miracolo da viti e assi arrugginiti.
E' stato nostro fedele compagno per tanti anni; come un buon nonno ha aiutato a crescere noi, e la nostra azienda. Ci ha fatto lavorare e guadagnare.
E ora sta per essere portato in un tetro cimitero per veicoli.
Sembra guardarci, conscio del suo triste destino.
No.
Non sarà quella la sua fine.
Non se lo merita.
D'accordo coi figli, lo rimetteremo in sesto, toglieremo la ruggine, lo dipingeremo di nuovo.
Si riposerà in garage. Una giusta pensione.
Ma siamo sicuri che, all'occorrenza, sarà pronto per esserci ancora utile.
Il consumismo, la modernità, la moda ci vorrebbero imporre di considerare oggetti e

strumenti costruiti ieri, come già superati e inutili , oggi. Oggetti creati con perizia, pazienza, fatica da abili mani di uomini, con amore per il proprio lavoro e con gioia nel realizzarlo.
Ma noi non siamo alla moda.

La storia è finita.
La nostra azienda sta crescendo, produce utili.Figli e moglie sono partecipi del nostro successo.
Capacità, serietà, impegno, onestà, tenacia pagano (non sempre, ma quasi sempre).

Abbiamo avuto fede. E così abbiamo avuto il fido.
Vi è piaciuto il gioco di parole ?
Auguro un bel fido a tutti voi !
Ciao !

Doverosa premessa..............................pag 4
Segreti Bancari....................................pag 8
Relazioni difficili.................................pag 13
Siamo meritevoli.................................pag 21
Alla ricerca della Banca perduta............pag 27
Scontro, confronto, incontro ?...............pag 31
Efficaci azioni motivazionali..................pag 37
Sei mesi...pag 41
Riunione di famiglia............................pag 47
Il dado è tratto...................................pag 49